Erfolgreich mit dem Lernkreis durch die Aus- oder Weiterbildung

Klaus Weigand

Erfolgreich mit dem Lernkreis durch die Aus- oder Weiterbildung

Das stärkste Werkzeug für Ihren Lernerfolg

Bibliografische Information der Deutschen Nationalbibliothek:
Die Deutsche Nationalbibliothek verzeichnet diese Publikation in
der Deutschen Nationalbibliografie; detaillierte bibliografische Daten sind im Internet über http://dnb.dnb.de abrufbar.

Illustration: **Klaus Weigand**

Herstellung und Verlag: BoD – Books on Demand, Norderstedt
ISBN: 978-3-7448-2136-0

Inhaltsverzeichnis

1   <u>Einleitung und Vorwort</u>

Sie absolvieren zurzeit eine Aus- oder Weiterbildung oder stehen kurz davor eine solche zu beginnen?

Sie wissen nicht, wie Sie die Flut an Lernstoff, Aufgaben und Informationen mit Ihrem Job, Ihrer Familie, Ihrem Freundeskreis und Ihrem sonstigen Leben unter einen Hut bringen sollen?

Sie möchten dieses Projekt von Anfang an in geregelte Bahnen lenken und suchen eine Struktur und Tipps, die Ihnen dabei helfen?

An dieser Stelle komme ich und dieses Arbeitsbuch ins Spiel. Mein Name ist Klaus Weigand und ich weiß, mit welchen Problemen Sie sich herumschlagen oder herumschlagen werden. Ich war bereits drei Mal in dieser Situation. Von 1993 bis 1995 besuchte ich die Ausbildung zum Geprüften Bilanzbuchhalter bei der IHK in Schweinfurt. Von 2002 bis 2004 folgte die Weiterbildung zum Geprüften Controller (IHK) in Würzburg gefolgt vom Betriebswirt (IHK) in den Jahren 2007 bis 2009 ebenfalls in Würzburg. Bei allen drei Lehrgängen konnte ich aufgrund meines strukturierten Vorgehens die zusätzliche Belastung auf ein erträgliches Maß begrenzen und so sehr gute Leistungen erzielen. Ich erzähle Ihnen das nur damit Sie sehen, dass ich weiß wovon ich spreche und dass sich die Tipps und die strukturierte Vorgehensweise in der Vergangenheit bewährt haben.

Mittlerweile habe ich die Seite des Tisches gewechselt und unterrichte seit 2011 nebenberuflich Kosten- und Leistungsrechnung an der IHK bei den angehenden Bilanzbuchhaltern. Außerdem unterrichte ich seit 2014 dort zusätzlich noch Einkaufscontrolling bei den Fachkaufleuten für Einkauf und Logistik. Hierdurch erhalte ich ständig neuen Input, was die Anforderungen und die Nöte der Kursteilnehmer betrifft.

Ich bin mir sicher, dass Ihnen dieses Arbeitsbuch helfen wird, die anstehenden Aufgaben strukturiert und zielorientiert anzugehen und Sie bei konsequenter Anwendung zu einem erfolgreichen Abschluss gelangen werden.

Im Einzelnen erhalten Sie Tipps, erprobte Strategien und Mustervorlagen, die Ihnen helfen werden, einen leistungsfähigen und gewinnbringenden Lernkreis zu bilden und durchzuführen.

Viel Spaß bei der Lektüre dieses Buchs, der Arbeit im und mit Ihrem Lernkreis und viel Erfolg bei Ihrer Weiterbildungsmaßnahme.

2 Das vielleicht mächtigste Werkzeug Ihrer Aus- oder Weiterbildung: Der Lernkreis

Braintrust, Thinktank, Mastermind-Alliance! Vermutlich haben Sie den einen oder anderen dieser Begriffe schon einmal gehört. In der Regel handelt es sich dabei um Expertengruppen, die für den Staat oder die Wirtschaft an verschiedenen Problemstellungen arbeiten und Lösungen finden sollen. Große Probleme oder Aufgaben werden von Experten unterschiedlicher Fachgebiete angegangen. Und durch die Bündelung der verschiedenen Kompetenzen entsteht ein besseres Ergebnis, als es eine Einzelbetrachtung des jeweiligen Mitglieds hätte vermuten lassen. Anders ausgedrückt: „Es entsteht mehr, als nur die Summe der einzelnen Bestandteile". Nun müssen Sie vermutlich keinen Krieg verhindern, kein staatliches Gesundheitswesen reformieren oder die Umstrukturierung eines weltweit agierenden DAX-Konzerns planen. Aber Sie haben eine Aus- oder Weiterbildung zu bestehen, und das mit einem möglichst guten Ergebnis. Und warum sollten Sie sich bei Ihrer Aufgabenstellung nicht auch dieses mächtigen Werkzeugs bedienen? Deswegen mein dringender Rat an Sie:

Bilden Sie einen gut strukturierten Lernkreis!

Dieser Lernkreis (Lerngruppe, Lernzirkel, oder wie auch immer Sie Ihren Zusammenschluss nennen wollen) kann das gewinnbringendste Werkzeug sein, das Sie während Ihrer Weiterbildung einsetzen können. Richtig zusammengestellt und organisiert fördert er Ihren Lernerfolg in einer Weise, wie Sie es alleine, wenn überhaupt, nur mit einem deutlich höheren Aufwand erreichen würden. Aber um diesem großen Anspruch gerecht zu werden, müssen natürlich einige Voraussetzungen bestehen bzw. geschaffen werden.

2.1 Persönliche Voraussetzungen

Sie! Sie müssen bereit sein, in einem Team mitzuarbeiten. Sie müssen kompromissbereit sein. Sie müssen bereit sein, innerhalb der Gruppe Teilaufgaben zu übernehmen. Wenn Sie ein geborener Einzelkämpfer sind und diese Eigenschaft nicht zumindest für den Lernkreis unterdrücken können, dann wird er Ihnen nichts bringen. Und schlimmer noch, Sie würden die restliche Gruppe belasten.

2.2 Die anderen Mitglieder

Versuchen Sie eine heterogene Gruppe zu bilden. Das bedeutet, dass Sie Mitglieder mit unterschiedlichen Wissens- bzw. Erfahrungsschwerpunkten suchen sollten. Nehmen wir an, Sie machen eine Weiterbildung zum Bilanzbuchhalter. Ihr Lernkreis formiert sich aus sechs Steuerfachgehilfen bzw. -gehilfinnen, deren Tätigkeitsschwerpunkt in der Kanzlei die Betreuung von nichtselbständigen Arbeitnehmern ist. Ihre Gruppe besteht demzufolge aus sechs Leuten, die alle das Gleiche gelernt haben und gut können, und die alle in den gleichen Bereichen ihre Defizite haben. Das einzelne Mitglied wird von den restlichen Teilnehmern nicht profitieren, denn diese können kein neues Wissen beitragen. Ebenso wenig kann das einzelne Mitglied der Gruppe einen informatorischen Mehrwert bieten. Idealerweise besteht Ihr Lernkreis aus Mitgliedern, die einen anderen beruflichen Hintergrund und/oder Schwerpunkt haben. Die Zusammensetzung des Lernkreises aus meiner letzten Weiterbildung zum Betriebswirt IHK ist hierfür ein gutes Beispiel. Unsere Lerngruppe bestand aus sechs Personen. Ein Einkäufer, ein Verkäufer, ein EDV-Spezialist, eine Marketing-Spezialistin, ein Controller, eine Buchhalterin. Die Branchen waren Maschinenbau, Telekommunikation, Futtermittelproduktion und -vertrieb, Bauhauptgewerbe, Werbe-/PR-Agentur später Onlinedruckerei. Für fast alle Themenbereiche, die bei dieser Weiterbildung angesprochen wurden, hatten wir jemanden mit Erfahrung und Fachwissen in der Gruppe. Egal, in welchem Bereich eine Frage aufkam, ein Lernkreisteilnehmer konnte sie entweder direkt beantworten, hatte die entsprechende Fachliteratur parat oder hatte im eigenen Umfeld einen Kontakt, der zeitnah eine Antwort liefern konnte. Ich denke Sie können sich vorstellen, wieviel Zeit und Mühe dies beim Lernen und in der Prüfungsvorbereitung gespart hat. (Übrigens bestehen diese Kontakte auch heute noch und wir sind unser eigenes kleines Expertennetzwerk.)

2.3   Die richtige Anzahl

Ihre Gruppe darf nicht zu klein sein. Je weniger Teilnehmer Ihr Lernkreis hat, desto weniger Input kann es geben. Mit der Zahl der Köpfe steigt auch die Menge an unterschiedlichem Wissen, das der Gruppe zur Verfügung steht. Ihre Gruppe darf aber auch nicht zu groß sein, denn der Abstimmungsaufwand wächst mit der Zahl der Teilnehmer, genauso, wie der Zeitanteil für Fragen und Probleme des Einzelnen sinkt. Je nachdem, um welche Art der Weiterbildung es sich handelt, halte ich vier bis acht Mitglieder für eine gute Anzahl. Bei Gruppen unter vier Mitgliedern führt die Verhinderung eines Mitglieds meist dazu, dass die betroffene Einheit abgesagt wird. („Nur zu zweit bringt nichts." – „Dem anderen fehlt das dann und wir müssen es dann eh nochmal machen." – usw.) Bei Gruppen über acht Personen haben Sie einen unheimlichen Abstimmungsaufwand. Kurszeiten sind vorgeschrieben. Daran können Sie nichts ändern. Aber der Lernkreis sollte zu Ihrer verbliebenen verfügbaren Zeit passen. Außerdem besteht die Gefahr, dass einzelne, eher zurückhaltende Teilnehmer in einer großen Gruppe untergehen.

2.4   Harmonie in der Gruppe

Unter Punkt 2.2 haben Sie gesehen, dass wir sechs Personen im Lernkreis waren. Das ist eine empfehlenswerte Größe. Dabei müssen Sie aber unbedingt beachten, dass die Mitglieder auch „zusammen passen". Wenn Sie jemanden absolut nicht leiden können, dann werden Sie von dieser Person kaum Wissensinput annehmen können. Egal ob diese Person recht hat oder nicht. Es steht eine innere Sperre dagegen. Haben Sie nur ein Problem mit einer Person, dann schlucken Sie diese Kröte und profitieren vom Rest der Gruppe. Wenn der Rest des Lernkreises diese Person auch nicht mag, dann ist sie in Ihrem Lernkreis auch nicht gut aufgehoben. Das klingt hart und ist für den Betreffenden schlimm. Aber es ist Ihre Weiterbildung und Sie werden an Ihrem Ergebnis gemessen. Ein soziales Entgegenkommen wird erfahrungsgemäß später niemanden, vor allem keinen Arbeitgeber, interessieren.

Wenn ein Teilnehmer Ihres Lernkreises ein mächtiges Ego hat, welches er innerhalb der Gruppe nicht zügeln kann, dann wird diese Person versuchen, eigennützig die Führung zu übernehmen. Diese Person wird versuchen die Themen festzulegen und wird die eigenen Fragen und Probleme in den Vordergrund drängen. Der Lernerfolg und der Fortschritt der anderen Teilnehmer werden dadurch geschmälert oder sogar gehemmt. In letzter Konsequenz kann es passieren, dass einzelne Teilnehmer die Gruppe verlassen. Eventuell verlieren Sie dadurch einen oder mehrere wichtige Fachexperten, was den gesamten Lernkreis schwächt.

Innerhalb einer harmonisch funktionierenden Gruppe gibt es unterschiedliche Rollen und Verantwortlichkeiten. Jemand muss natürlich zielorientiert die Führung übernehmen und die Veranstaltung moderieren. Diese Person kann entweder durch die Gruppe für die gesamte Dauer des Lernkreises bestimmt werden wenn sie dafür geeignet scheint. Oder die Gruppe entscheidet sich dafür, dass in jeder Einheit ein anderer Teilnehmer die Moderationsaufgaben übernimmt. Welche der beiden Varianten die geeignetere ist lässt sich nicht allgemein sagen. Das muss jeder Lernkreis für sich überlegen und entscheiden.

2.5 Ein geeigneter Lernort

Finden Sie für Ihre Lerngruppe einen geeigneten Ort, den Sie für die Dauer des Kurses nutzen können. Wechselnde Orte haben sich in der Vergangenheit nicht bewährt. Wir haben es abwechselnd in den verschiedenen Firmen der Gruppenteilnehmer probiert, wenn es dort möglich war. Hier steigt der Abstimmungsbedarf enorm an. Wer richtet aus? Wann kommen die Leute? Weiß jeder wohin er muss? Wer war schon dran und wer noch nicht? Als wir einen festen Platz gefunden hatten, der zudem noch mit nützlicher Technik (Beamer, Projektor, Whiteboard, usw.) ausgestattet war, nahm uns das doch eine gehörige Menge Planungsaufwand ab. Wichtig ist auch, dass es ein ruhiger Ort ist, an dem man einein-halb bis zwei Stunden störungsfrei und konzentriert arbeiten kann. Wenn Sie sich in einem Unternehmen nach Feierabend treffen, achten Sie bitte im Vorfeld auch auf wichtige Sachverhalte wie Torschlusszeiten (auch der Parkplätze), zugängliche Toiletten, die Tour der Reinigungskräfte, Schweigepflichtserklärungen oder Fo-tografierverbote auf dem Werksgelände, Rauchverbote, Barriere-freiheit oder Laufwege bei einer eventuellen körperlichen Ein-schränkung von Gruppenmitgliedern und auf alle sonstigen unter-nehmensspezifischen Regelungen.

2.6 Der richtige Termin

Finden Sie den richtigen Tag und die richtige Uhrzeit für Ihren Lernkreis. Wenn Sie am Samstag Ihren Kurs haben, dann bietet sich der Montag oder der Dienstag an. Die Eindrücke vom letzten Kurstag sind noch frisch und die Themen können in der Gruppe zeitnah reflektiert werden. Haben Sie auch unter der Woche am Abend Unterricht, dann müssen Sie sich entsprechend in der Gruppe einigen. Wählen Sie auch eine vernünftige Zeit aus. Zwi-schen Ihrem Feierabend und dem Lernkreisbeginn sollte so viel Zeit liegen, dass Sie die letzten Arbeitseindrücke emotional und geistig abschütteln können. Allerdings sollte auch nicht zu viel Zeit dazwischenliegen, denn sonst laufen Sie in Gefahr, dass Sie in

Ihren Feierabend-Entspannungs-Modus verfallen. Und wenn Sie nach der Anspannung des Arbeitstages in Ihre Erholungsphase eingetaucht sind, dann ist es enorm schwer, sich wieder aufzuraffen und für den Lernkreis wieder auf Touren zu kommen. Nehmen wir an Ihr regelmäßiges Arbeitsende liegt um 16:30 bis 17:00 Uhr herum, dann bietet sich ein Lernkreisbeginn von 18:00 bis 18:30 Uhr an. Hier müssen natürlich noch die Fahrtzeit und Pufferzeiten für eventuelle Verkehrsstörungen berücksichtigt werden. Außerdem sollten Sie vor Lernkreisbeginn eine Kleinigkeit essen, damit Sie genügend Energie haben und vor allem nicht durch Hungergefühle in Ihrer Konzentration gestört werden.

2.7 **Die Dauer**

Wie lange Ihr Lernkreis jeweils dauern soll hängt von den jeweiligen Umständen ab. Als Richtwert bieten sich eineinhalb bis zwei Stunden an. Dauert der Lernkreis länger, lässt die Leistungsfähigkeit der Teilnehmer spürbar nach. Immerhin haben Sie auch schon einen Arbeitstag in den Knochen. Ist der Lernkreis kürzer, besteht die Gefahr, dass ein großer Teil der Zeit für Organisation, Einrichtung und Smalltalk verloren geht. Fünf Minuten für Ankommen, Mantel ausziehen, Hallo sagen, Ordner und Unterlagen auspacken, Block und Stift holen und noch einen Schluck trinken sind nicht zu viel angenommen. Wenn Sie nur eine Stunde veranschlagen, dann sind bereits 8,33 % von 60 Minuten um. Ein Zwölftel der Zeit ist weg und Sie waren noch nicht einmal auf der Toilette. Und wehe, Sie haben ein kommunikatives Mitglied in Ihrem Lernkreis, welches den Smalltalk verdoppelt oder verdreifacht. Haben Sie 90 oder 120 Minuten zur Verfügung, so bleibt genügend Zeit für die soziale Kontaktpflege. Legen Sie eine Struktur fest, nach der Sie den Lernkreis abhalten wollen. Ein Beispiel dazu finden Sie im Kapitel 18 „Hilfsmittel und Materialien". Mit Hilfe eines solchen Fahrplans können Sie Ihre Themen und Ziele ordnen, Zeiten zuweisen, Pausen planen und haben eine psychologische Reißleine, wenn eine Diskussion oder ein privates Gespräch zeitlich ausufert. Halten Sie sich aber bitte nicht dogmatisch an diesen Rahmen. Ist die Diskussion wichtig, dann würgen Sie sie nicht mittendrin ab. Wird für eine Übungsklausur, die Sie gemeinsam bearbeiten, mehr Zeit benötigt als veranschlagt, dann gönnen Sie sich diese Zeit auch. Eine halb erledigte Arbeit belastet Sie nur im Nachhinein. Und wenn Sie sich auf 90 Minuten Lernkreis geeinigt haben und benötigen noch 10 Minuten länger, dann sind es an diesem Tag eben 10 Minuten mehr. Auch hier sind Pufferzeiten hilfreich. Wenn Sie zwei Stunden Lernzeit ausgemacht haben und alle nach eineinhalb Stunden aufgrund einer komplexen Musterklausur komplett aufgebraucht sind, dann beenden Sie den Lernkreis vorzeitig. Schleppen Sie sich nicht zwanghaft durch die Restzeit. Das bringt Ihnen lerntechnisch gar nichts, schmälert aber den Spaß und versieht den Lernkreis mit einer negativen Erfahrung. Wenn Ihnen das zwei oder drei Mal passiert, dann werden Sie am Lernkreis irgendwann nicht mehr teilnehmen wollen. Ihr Zeitplan ist ein Gerüst oder eine Richtschnur, er ist aber nicht in Stein gemeißelt.

3 Wann sollten Sie mit dem Lernkreis starten?

Es macht keinen Sinn, wenn Sie bereits nach der ersten Unterrichtseinheit einen Lernkreis ins Leben rufen. Wie bereits beschrieben müssen die Teilnehmer miteinander harmonieren. Und dazu müssen Sie sich entsprechend erst einmal kennen gelernt haben. Außerdem benötigen Sie auch einen sinnvollen Inhalt. Nichts wäre für einen Lernkreis tödlicher, als wenn Sie sich bei der allerersten Einheit langweilen und die 90 oder 120 Minuten totschlagen müssen. Ihr erster Eindruck wäre, dass Ihnen so ein Lernkreis nichts bringt und Sie würden nie wieder teilnehmen.

Für Sie bedeutet das im Einzelnen, dass Sie etwa nach der vierten oder fünften Einheit, frühestens nach dem ersten Monat das Thema Lernkreis in der Gruppe aufbringen sollten. Nun sollten Sie geeignete Teilnehmer gemäß der oben genannten Kriterien innerhalb Ihres Kurses ausgemacht haben.

Nach dem ersten Monat sollten Sie auch einen genauen Überblick über die Fächer und die einzelnen Themen Ihrer Aus- oder Weiterbildung haben. Nun haben Sie auch den Inhalt für Ihr erstes Treffen. Hier klären Sie die Fragen wer was wann macht. Sie nutzen dieses erste Treffen, um die Modalitäten und den zukünftigen Ablauf abzustimmen. Nutzen Sie diese erste Veranstaltung auch, um die allgemeinen Regeln festzulegen und um die Frage nach der Moderation des Lernkreises zu klären (siehe Kapitel 2.4).

Bei dieser ersten Veranstaltung sollten Sie auch die Ausstattung Ihres Lernortes auf Vollständigkeit hin überprüfen. Hierzu können Sie die Anforderungen für Ihren zukünftigen Bedarf ermitteln und die Checkliste „Ausstattung" (siehe Seite 28) erstellen.

4 Ablauf einer Lernkreiseinheit

Gut. Sie haben Ihren Lernkreis gebildet und organisiert. Und was machen Sie jetzt? Im Folgenden möchte ich Ihnen einen möglichen strukturierten Ablauf vorstellen, der sich sowohl bei der Controller IHK- als auch bei der Betriebswirt IHK – Weiterbildung mehr als bewährt hat. Wir hatten für uns ein flexibles Zeitfenster zwischen 90 und 120 Minuten festgelegt. Dieses Zeitfenster wurde dann auf vier Bereiche aufgeteilt. Jeder Lernkreis enthielt die Komponenten

- Allgemeine Fragen
- Präsentation eines Themas durch einen Teilnehmer
- Behandlung dieses Themas und Aufarbeitung
- Lösen einer ehemaligen Abschlussprüfung

4.1 Allgemeine Fragen

Mit den allgemeinen Fragen begann jede Einheit. In der Regel wurde der letzte Unterricht noch einmal aufgegriffen und aufgetretene Probleme oder Fragen in der Gruppe diskutiert und nach Lösungswegen bzw. Antworten gesucht. Ebenso kamen Fragen zur Sprache, die beim Lernen zu Hause aufgetaucht waren. Die Dauer dieses ersten Teils war abhängig von der Menge der Fragen und daher immer unterschiedlich. Der jeweilige Moderator achtete aber immer darauf, dass die Diskussion nicht ausuferte. Meist endete der allgemeine Teil nach 20 bis 30 Minuten.

4.2 Präsentation eines Themas

Anschließend hielt ein Teilnehmer eine Präsentation zu einem vorher festgelegten Thema. Zu Beginn des Lernkreises wurden verschiedene Themen aus den einzelnen Fächern genannt und die Mitglieder konnten sich für eines oder mehrere entscheiden. Nachdem ein Präsentationstermin festgelegt war, bereitete der jeweilige Teilnehmer das gewählte Thema so auf, dass er ein kurzes Referat, meist in Form einer PowerPoint Präsentation, halten konnte und fasste die relevanten Daten in einem Handout zusammen. Dieses wurde an die restlichen Lernkreismitglieder verteilt und damit Bestandteil unserer Lernunterlagen. Im Endeffekt übernahm jedes Gruppenmitglied die Aufgabe eine Zusammenfassung für ein Thema zu erstellen. So verteilte sich die Aufarbeitung der Skripte auf mehrere Personen. Das ersparte jedem Mitglied viel Zeit und Energie, die an anderer Stelle sinnvoller eingesetzt werden konnte. Das bedeutet jetzt aber nicht, dass die Gruppenmitglieder nur noch mit Hilfe der Handouts gelernt haben. Der Themenüberblick wurde damit geschaffen, das Wichtigste hervorgehoben und gerade kurz vor den Prüfungen wurde das Wissen anhand der Handouts abgefragt. Zwei der damals entstandenen Präsentationen verwende ich übrigens heute noch für meinen Unterricht.

Mein Tipp für Sie, falls Sie sich auch für diese Methode entscheiden, ist, dass Sie als Erstes ein Thema wählen, in dem Sie sich bereits sehr gut auskennen – Sie erinnern sich an die Vorteile einer heterogenen Gruppe, hierin sind Sie der Experte – und dieses extrem gut vorbereiten und präsentieren. Denn das ist gleichzeitig eine Übung für den Fall, dass Sie im Rahmen Ihrer Abschlussprüfung eine Präsentation halten müssen. Auch dort würden Sie ein Thema wählen, welches Ihnen liegt (unter der Maßgabe, dass Sie Ihr Thema frei wählen können). Anschließend wählen Sie noch ein Thema für eine Präsentation im Lernkreis, welches Sie sich erst erarbeiten müssen. Zum Erstellen dieser Präsentation müssen Sie die Skripte und Ihre Notizen aus dem Unterricht durcharbeiten, sowie in zusätzlicher Fachliteratur und dem Internet recherchieren.

Hier verkürzen Sie damit ein Skript auf das Wesentliche. Außerdem gewöhnen Sie sich an die Recherche für solche Fälle. Und das wird Ihnen bei Ihrer eventuellen späteren (Abschluss)-Projektarbeit helfen.

4.3 Aufarbeitung des Themas

Als dritter Teil innerhalb einer Lernkreiseinheit wurde das Thema nach der Präsentation des betreffenden Mitglieds in der Gruppe diskutiert. Aufgekommene Fragen wurden erarbeitet und beantwortet. Anhand von alten Prüfungsaufgaben wurde geklärt, wie prüfungsrelevant dieses Thema in der Vergangenheit wirklich war. Teilweise konnten hier auch Häufungen bei den gestellten Fragen erkannt werden. Wenn von acht bisher gestellten Aufgaben fünfmal eine thematisch identische Fragestellung erkannt werden konnte, zwar etwas anders verpackt, aber vom Wesen her immer gleich, dann konnte man seine Lernprioritäten entsprechend steuern.

Hier sollte man erwähnen, dass sich die Prüfungen der Aus- und Weiterbildungsträger zwar am jeweiligen Lernplan (Lernzielkatalog) orientieren sollten, dies aber teilweise nicht einhundertprozentig tun. Oftmals werden einzelne Themengebiete in Prüfungen bevorzugt und andere nicht oder kaum angesprochen. Die Prüfungen der Vergangenheit können Ihnen als Richtschnur für Ihre eigene Lernzeitverteilung dienen. Das soll jetzt nicht bedeuten, dass Sie ein Thema nicht lernen sollen, weil es nur selten oder noch nie bei einer Prüfung vorkam. Die Vergangenheitsbetrachtung kann Ihnen aber bei Zeitmangel die Themen nennen, die wahrscheinlicher sein werden als andere. Bedenken Sie aber bitte:

Ein Thema ist vielleicht unwahrscheinlich aber nicht unmöglich!

4.4 Alte Abschlussprüfung

Den zeitlich größten Bedarf nahm der vierte Teil, das Bearbeiten von alten Abschlussprüfungen, in Anspruch. Wir einigten uns auf eine Aufgabe aus einer alten Prüfung und lösten diese erst einmal allein. Hierbei gaben wir uns ein Zeitlimit, so wie es bei der tatsächlichen Abschlussprüfung nötig ist. Die Berechnung der zur Verfügung stehenden Zeit läuft folgendermaßen ab:

Nehmen wir an, Sie haben 120 Minuten Zeit um eine Prüfung zu bearbeiten, die eine Gesamtpunktzahl von 100 hat. Sie benötigen einige Zeit, um die Umschläge zu öffnen, die Unterlagen auf Vollständigkeit zu prüfen, Ihre Prüfungsnummer auf die Vorlagen zu schreiben und den ersten Sachverhalt zu lesen. Außerdem sollten Sie etwas an Pufferzeit einplanen. Ziehen Sie also z. B. 10 Minuten für Sonstiges von Ihrer Prüfungszeit ab. Sie haben also 110 Minuten um 100 Punkte zu erzielen. Das ergibt rechnerisch 1,1 Minuten bzw. 66 Sekunden pro Punkt. Wenn Sie jetzt eine Teilaufgabe lösen, die 10 Punkte hat, so haben Sie hierfür rechnerisch 660 Sekunden, also 11 Minuten Zeit. Für die Zwecke des Lernkreises würde ich diese Zeit sogar noch etwas verkürzen. Der Zeitdruck erzeugt so etwas Stress und Sie gewöhnen sich an diese Anspannung. Am Tag der Prüfung kann Ihnen das helfen, um mit dem Druck besser zurechtzukommen. Der absichtlich herbeigeführte Stress im Lernkreis konditioniert Sie also für die Belastung durch die Prüfungssituation. Die berechnete maximale Bearbeitungszeit ist übrigens nur ein Anhaltewert. Sie werden Aufgaben erhalten, die Sie viel schneller bearbeiten können. Und Sie werden Aufgaben erhalten, deren tatsächlicher Zeitbedarf größer ist. Aber gerade im Rahmen des Lernkreises hilft diese Zeitvorgabe sehr. Vor allem auch, um die angesetzte Lernzeit sinnvoll auszunutzen. Nicht, dass Sie mit einer 5-Punkte-Aufgabe eine halbe Stunde Zeit vergeuden.

5 Mitarbeit im Lernkreis

Wenn Sie Mitglied eines Lernkreises werden, dann seien Sie bitte ein aktives Mitglied. Bringen Sie sich ein und arbeiten Sie mit. Beteiligen Sie sich an Diskussionen und vertreten Sie auch Ihren Standpunkt, falls Sie einmal anderer Meinung sein sollten. Es kommt leider häufig vor, dass eine Person in einem Lernkreis lediglich die Rolle eines Mitläufers einnimmt. Diese Person „konsumiert" lediglich. Solch ein Verhalten beraubt Sie eines Großteils des Entwicklungspotentials, das für Sie in der Teilnahme an einem Lernkreis steckt. Und es ist den anderen Mitgliedern gegenüber nicht fair. Der Lernkreis lebt von einem gegenseitigen Geben und Nehmen. Ihr Vorteil daran ist, dass Sie nur die Leistung einer Person geben müssen aber die Leistung von z. B. fünf Personen (bei einer Gruppenstärke von insgesamt sechs Teilnehmern) erhalten. Also seien Sie ein Wissens-Spender und kein Wissens-Vampir.

Sollten Sie die Rolle des Moderators zugesprochen bekommen haben, egal ob fix für die Zeit des Lernkreises oder nur temporär für eine Einheit, so achten Sie auf die Einhaltung der Zeiten und führen Sie die Teilnehmer zurück zum Thema, falls sich die Gespräche einmal verselbständigen. Motivieren Sie ruhige Kollegen auch zur aktiven Mitarbeit, indem Sie sie nach dem Motto ansprechen: „Und was ist deine Meinung zu dem Thema?", oder „Was würdest du bei diesem Lösungsansatz ändern oder ergänzen?"

Eine Warnung hätte ich an dieser Stelle noch für Sie. Vermeiden Sie exzessives Lästern über Dozenten und andere Kursteilnehmer. Dass Sie sich hin und wieder über den einen oder anderen Lehrer beschweren ist normal und lässt sich nicht vermeiden. Dass Ihnen der eine oder andere Kursteilnehmer einmal auf die Nerven geht auch nicht. Aber treten Sie Ihre negative Stimmung über die betreffende Person nicht zu stark vor den anderen breit. So wie sich das Zusammenarbeiten in der Gruppe positiv auf Ihre Entwicklung auswirkt, so wirken sich negative Gedanken schädlich für die Gruppe aus. Sie lästern über einen Dozenten, den die anderen toll finden, schon haben Sie einen Minuspunkt bei Ihren Kollegen. Sie beschweren sich über einen Kursteilnehmer und zwei der Lernkreisteilnehmer stimmen Ihnen zu, die vier anderen sind nicht Ihrer Meinung. Und schon haben Sie einen kleinen Riss in der Gruppe. Außerdem hat die Erfahrung gezeigt, dass sich eine Gruppe in eine Beschwerde hineinsteigern kann. Das geht zu Lasten ihrer Konzentration und ihres Zeitbudgets. Wenn Sie für Ihren Lernkreis 120 Minuten veranschlagt haben und davon 30 Minuten über einen Dozenten oder Kollegen lästern, dann haben Sie ein Viertel Ihrer Zeit sinnlos vergeudet. Außerdem kann so ein Verhalten auch Ihr Ansehen in der Gruppe beschädigen. Und dass das der Leistungsfähigkeit eines Lernkreises nicht dienlich ist, versteht sich von selbst.

In diesem Sinne, verhalten Sie sich so, wie Sie es sich von den anderen Lernkreismitgliedern wünschen.

6 Checklisten und Organisationsblätter

Nachfolgend finden Sie eine Reihe von praktischen Organisations-
hilfen, die sich in der Vergangenheit als nützlich erwiesen haben.
Die hier vorgestellten Formblätter können Sie gerne als Kopiervor-
lagen für Ihren eigenen Bedarf verwenden. Einige der Formblätter
sollen Ihnen als Anregung für Ihre eigene Organisation des Lernkreises dienen. So sollten Sie sich einen eigenen Lernkalender
nach dem hier vorliegenden Muster erstellen.

Verzeichnis der Checklisten:

1. Organisationsblatt: Die Teilnehmer
2. Checkliste: Der Lernort
3. Checkliste: Ausstattung
4. Organisationsblatt: Die Themenverteilung
5. Organisationsblatt: Präsentationsbewertung

Organisationsblatt – Die Teilnehmer

Eine Teilnehmerliste, wie originell! – werden Sie vielleicht denken. Hierbei handelt es sich aber nicht nur um eine reine Kontaktdatensammlung. Telefonnummern und Emailadressen sind für die Organisation des Lernkreises natürlich wichtig. Die hier vorliegende Teilnehmerliste führt aber noch den Beruf, die Branche und den Mehrwert für die Gruppe auf. Wie Sie an anderer Stelle schon gelesen haben, ist ein Mix der Fachgebiete und Branchen der Gruppenmitglieder von größtem Vorteil. Mit dieser Teilnehmerliste erhalten Sie nun einen guten Überblick über die Fachgebiete, die Erfahrungen und eventuell vorhandenes Spezialwissen oder zusätzliche Ressourcen eines jeden einzelnen. So können Sie schnell erkennen, ob für anstehende Aufgaben oder Vorbereitungen ein „gruppeninterner" Spezialist vorhanden ist. Und nach dem Ende Ihrer Weiterbildung kann diese Liste der Beginn Ihres eigenen kleinen Spezialistennetzwerkes sein.

Formblatt Gruppe

Teilnehmerliste

Name	Vorname	Email privat	Mobiltelefon / privat
Beruf:	Branche:	Email geschäftlich	Telefon geschäftlich
Fachgebiete, besondere Kenntnisse, Hilfreiches			

Name	Vorname	Email privat	Mobiltelefon / privat
Beruf:	Branche:	Email geschäftlich	Telefon geschäftlich
Fachgebiete, besondere Kenntnisse, Hilfreiches			

Name	Vorname	Email privat	Mobiltelefon / privat
Beruf:	Branche:	Email geschäftlich	Telefon geschäftlich
Fachgebiete, besondere Kenntnisse, Hilfreiches			

Name	Vorname	Email privat	Mobiltelefon / privat
Beruf:	Branche:	Email geschäftlich	Telefon geschäftlich
Fachgebiete, besondere Kenntnisse, Hilfreiches			

Name	Vorname	Email privat	Mobiltelefon / privat
Beruf:	Branche:	Email geschäftlich	Telefon geschäftlich
Fachgebiete, besondere Kenntnisse, Hilfreiches			

Name	Vorname	Email privat	Mobiltelefon / privat
Beruf:	Branche:	Email geschäftlich	Telefon geschäftlich
Fachgebiete, besondere Kenntnisse, Hilfreiches			

Checkliste – Der Lernort

Die nachfolgende Checkliste dient der Suche nach einem geeigneten Ort für Ihre regelmäßigen Lernkreistreffen. Hierbei geht es noch nicht um die Ausstattung des Raumes, sondern um die Gegebenheiten um diesen Ort herum. Dinge, die Sie vielleicht für lächerlich halten, können bei Fehlen oder Auftreten den Erfolg des Lernkreises erheblich beeinträchtigen. Ein paar Beispiele sollen das verdeutlichen. Nehmen wir an, Sie finden einen hervorragend geeigneten Raum, der Ihnen aber nur bis 18:30 Uhr zur Verfügung steht. Ihr Lernkreis kann aber erst ab 18:00 Uhr starten. Nehmen wir an, dieser Raum liegt auf einem Betriebsgelände und Sie dürfen dort nicht mit Ihrem Auto einfahren. Nun müssen Sie mit Ihren ganzen Unterlagen über einen Kilometer weit laufen. Nehmen wir an, Sie oder einer der Teilnehmer hätte eine Gehbehinderung und der Raum wäre im vierten Stock eines Gebäudes ohne Aufzug. Nehmen wir an der Raum läge neben einer lauten Schmiedepresse im 24-Stunden-Betrieb. Nehmen wir an, Sie wären jedes Mal schon eine Stunde zu dem Ort unterwegs und es gäbe dort keine verfügbare Toilette. Nehmen wir an, es wäre verboten eigene datenverarbeitende Geräte (Laptop, Smartphone, Tablett usw.) mitzubringen. Gerade in der Autoindustrie und dem Maschinenbau habe ich das schon erlebt.

Das waren jetzt hauptsächlich Beispiele von Orten in den Betrieben. Ähnlich verhält es sich aber auch, wenn Sie in der Wohnung von einem Teilnehmer lernen oder den Lernort durchwechseln. Kleinkind vorhanden? Parkplätze? Ausreichend Platz? Sie sehen, die richtige Wahl des Lernortes ist enorm wichtig.

Checkliste Lernort

Gegenstand, Vorrichtung (alphabetische Reihenfolge)	OK	Nicht benötigt
Datenschutzproblematiken (z. B. Fotografierverbot)		
Einrichtung ausreichend (Tischgröße, Anzahl Stühle)		
Parkplätze vorhanden		
Raumgröße ausreichend		
Ruhe		
Technische Vorrichtungen vorhanden (Liste Ausstattung)		
Toiletten		
Verkehrsanbindung (Straße, Zufahrt, grüne Plakette usw.)		
Zeitliche Verfügbarkeit je Einheit (Torschlusszeiten)		
Zeitliche Verfügbarkeit über die Kurszeit		

Gut. Sie haben einen geeigneten Ort gefunden. Nun müssen Sie prüfen, ob alles, was Sie für einen gewinnbringenden Lernkreis benötigen, auch vorhanden ist. Hier müssen Sie sich zusammen mit Ihren Kollegen Gedanken machen, was Sie wann für welche Tätigkeit benötigen (siehe Seite 16). Brauchen Sie für die Präsentationen einen Beamer oder einen Projektor mit Folien? Brauchen Sie ein Flipchart, eine Tafel oder etwas Ähnliches? Woher bekommen Sie die Kopien für die Aufgaben oder brauchen Sie einen Kopierer vor Ort?

Haben Sie die Liste mit den benötigten Gegenständen erstellt, so können Sie prüfen, was davon schon in Ihrem gewählten Raum oder anderweitig vor Ort vorhanden ist, und was noch benötigt wird. In der Spalte <Wird mitgebracht> können Sie dann den Namen des Gruppenmitglieds eintragen, das diesen Gegenstand besorgen und mitbringen kann oder soll.

Ein Hinweis noch. Sollte bei Ihrem Lernkreis aus irgendwelchen Gründen Müll anfallen, dann prüfen Sie bitte wie Sie diesen entsorgen können. Gerade wenn Sie Betriebsräume nutzen dürfen ist das Hinterlassen eines sauberen Raumes äußerst wichtig. Und Bananenschalen, die ein ganzes Wochenende im Papierkorb vor sich hin gammeln, sorgen am Montag nicht für den besten Eindruck von Ihrem Lernkreis.

Checkliste Ausstattung

Gegenstand, Vorrichtung	Vorhanden	Wird mit-gebracht	Nicht benötigt

Organisationsblatt – Die Themenverteilung

Natürlich müssen Sie die Flut an Stoff vernünftig verteilen. Hierzu können Sie das vorliegende Organisationsblatt verwenden. Für jedes Lernfach schreiben Sie die Unterthemen auf und ordnen die jeweiligen Seiten in Ihrem Lernskript zu. Das sorgt dafür, dass Sie einen Überblick über den gesamten Stoff bekommen und so feststellen können, ob etwas übersehen wurde. Anschließend sollten Sie alte Prüfungen, soweit vorhanden, nach Aufgabenstellungen zu den Themen durchforsten. Nun wählt jeder Teilnehmer aus der Themensammlung eines aus, für das er besonderes Interesse oder bereits Fachwissen hat. Danach wählt er ein weiteres Thema, welches er sich komplett neu erarbeiten muss. Für beide Themen bereitet der Teilnehmer jeweils eine Präsentation und eine Zusammenfassung des Stoffes vor.

Beim ersten Thema hat er wenig Aufwand und der Rest der Gruppe profitiert von seinem vorhandenen Fachwissen. Beim zweiten Thema zwingen ihn die Präsentation und die Stoffzusammenfassung, sich intensiv damit auseinander zu setzen. Hier profitieren alle davon.

Für beide Präsentationen und Zusammenfassungen benötigen die Teilnehmer eine gewisse Vorbereitungszeit. Die gesetzten Termine können in die Liste eingetragen werden.

Formblatt Themenverteilung

Fach:					
Nr.	Thema	Skript Seite	Prüfungen	Teilnehmer	Termin
1.					
2.					
3.					
4.					
5.					
6.					
7.					
8.					
9.					
10.					
11.					
12.					
13.					
14.					
15.					
16.					
17.					
18.					
19.					
20.					

Organisationsblatt – Der Lernkalender

Der Lernkalender ist eigentlich ein Werkzeug um Ihren Lernaufwand zu strukturieren und zu organisieren. Der vorliegende Aufbau hat sich in der Vergangenheit bewährt und war mit den gängigen Tabellenkalkulationsprogrammen leicht abzubilden.

Die Spalten des Lernkalenders im Einzelnen:

WoT: Wochentag (Montag, Dienstag, usw.)

Tag: 1. bis maximal 31. des Monats

CD: Count Down, rechnet die Tage bis zur Prüfung herunter

Fach: Hier behalten Sie den Überblick über die Themen einschließlich der Wiederholungen

Skript Seite: Zeitliche Verteilung Ihres Lernskriptes.

Prüfung oder
Thema: Haben Sie noch ein besonderes Thema oder einen Schwerpunkt, den Sie extra bearbeiten wollen? Hier planen Sie auch die Bearbeitung von alten Prüfungen (soweit vorhanden). Und hier vermerken Sie auch die Treffen Ihres Lernkreises.

Hier ein Beispiel aus einem ehemaligen Lernkalender:

AUGUST		CD	Fach	Skript	Prüfung o. Thema
Mi	01. Aug.	90	EU		
Do	02. Aug.	89	EU		FIWI FJ 2010
Fr	03. Aug.	88	Controlling	S. 57 - 72	
Sa	04. Aug.	87	Unterricht		
So	05. Aug.	86			
Mo	06. Aug.	85	Marketing	S. 1 - 13	**Lernkreis**
Di	07. Aug.	84	Marketing	S. 14 - 30	KLR FJ 2009
Mi	08. Aug.	83	Marketing	S. 31 - 40	

Formblatt Lernkalender

Monat:					
WoT	Tag	CD	Fach	Skript Seite	Thema oder Prüfung
	1				
	2				
	3				
	4				
	5				
	6				
	7				
	8				
	9				
	10				
	11				
	12				
	13				
	14				
	15				
	16				
	17				
	18				
	19				
	20				
	21				
	22				
	23				
	24				
	25				
	26				
	27				
	28				
	29				
	30				
	31				

Organisationsblatt – Präsentationsbewertung

Dieses Formblatt ist dann nützlich, wenn Sie im Rahmen Ihrer Abschlussprüfung ebenfalls eine Präsentation halten müssen. Innerhalb der Themenverteilung sollten alle Teilnehmer mehrere kleine Präsentationen halten. Dies bietet die Gelegenheit das Präsentieren zu üben. Obwohl die Aufarbeitung des Lernstoffes im Vordergrund steht, können die anderen Lernkreisteilnehmer die gehaltene Präsentation bewerten. Was war gut, was war verbesserungsfähig? Sie können üben und bekommen ein Feedback von Leuten, die die gleichen Herausforderungen haben wie Sie. Hier geht es noch nicht um Noten und Fehler bleiben ohne Konsequenzen. Aber einen Fehler, den Sie hier gemacht haben und der Ihnen aufgezeigt wurde, können Sie in Ihrer Abschlusspräsentation vermeiden.

Je mehr Präsentationsbewertungen Sie erhalten, desto sicherer werden Sie beim Präsentieren werden.

Die Begriffe bei den einzelnen Unterpunkten sind Vorschläge. Ergänzen Sie diese um eigene Formulierungen. Nach den Hauptgruppen haben Sie auch noch Raum für eigene Kriterien oder für Bemerkungen. Die Punkteskala am Ende sehen Sie bitte wie Schulnoten: 1 = sehr gut, 6 = ungenügend.

Präsentationsbewertung

Thema:		
Dauer:	**Name:**	**Ihre Bewertung**

Persönlich

Körperhaltung	aufrecht, gedrückt, schief	
Gestik	keine, wild, unpassend, gezielt	
Armhaltung	hängend, im positiven Bereich, Hand in der Hosentasche, wechselnd	
Augenkontakt	keiner, nur zu einem zu jedem wechselnd, zum Boden, über die Köpfe	
Stimme	leise, laut, schrill, angenehm	
Tonfall	monoton, abwechslungsreich, arrogant, genervt, sanft, souverän	

Medieneinsatz

Vielfalt	ein Medium, zwei Medien, drei und mehr Medien	
Umgang	gekonnt, nervös, fehlerhaft, ungeübt	
Anzahl der Teile	viele Folien/Blätter etc., wenige, angemessen	
Gestaltung Text	Folien zu voll, unübersichtlich, strukturiert, Fließtext, Stichworte	
Bilder, Grafiken	Fotos, Grafiken, Schaubilder, keine	

Inhalt

Umfang	zu viel, zu wenig, angemessen	
Detailtiefe	oberflächlich, zu detailliert, angemessen, mit einigen / geringen Lücken	
Sprache	viele Fachbegriffe, einfache Sprache, viele Fremdwörter, Mundart	
Themenbezug	abgeschlossen, Thema nur angerissen, nur Teilthema behandelt	

Gesamteindruck: ① ② ③ ④ ⑤ ⑥

7 Fazit

Der Lernkreis kann Ihr mächtigstes Werkzeug während Ihrer Aus- oder Weiterbildung sein. Die Gruppe zwingt Sie sich vorzubereiten. Die Gruppe hilft Ihnen aus dem einen oder anderen Motivationstief. Innerhalb der Gruppe werden aufgrund der Vielschichtigkeit der Teilnehmer Probleme schneller gelöst. Sie erhalten auf Ihre Fragen schneller eine Antwort und schöpfen Selbstvertrauen, wenn Sie anderen eine Antwort geben können. Sind die Teilnehmer Ihrer Gruppe gut ausgewählt und harmonieren miteinander, so kann sich ein schlagkräftiges Netzwerk auch weit über Ihre Aus- oder Weiterbildung hinaus etablieren. Ich profitiere heute noch von dem guten Kontakt zu Leuten, die ich bei den Weiterbildungen zum Bilanzbuchhalter, zum Controller (IHK) und zum Betriebswirt (IHK) kennen gelernt habe. Und nicht selten entstehen Freundschaften, die lange Bestand haben.

Nutzen Sie den Lernkreis! Seien Sie erfolgreich!